大切なことはすべて日常のなかにある

最重要的日常

山下英子、自凝心平

來，找回你的人生吧！

想想，我與一起完成這本書的自凝心平先生，也是因為日常生活的交集而認識的。

七年前，我們兩人因每天撰寫的網誌文章而結緣，不知不覺間，成為一起參與活動的夥伴，也是擁有相同人生哲學的盟友。

一寫完這本書的書稿，我就去了中國山西省的太原旅行，接著，在太原認識的一名男性企業家領路之下，造訪了中國佛教聖地五台山。

我原本並沒有計畫到太原，卻去了位在太原深山裡的佛教聖地，因而有機會認識了一名年輕僧侶，與他深入交談。他肩負五台山眾多寺院當中數一數二寺院的未來。

這位年輕住持提及佛教，他是這麼說的——

佛教重視生死，尤其是「生」。

佛教談「生存」、「生活」、「演化」，但更重要的是日常生活必須腳踏實地。

佛教幫助諸位在日常生活中達到精神上的演化，令我很驚訝。

這場中國之旅對我來說非比尋常。我在意想不到的異鄉之地遇見出乎意料的人，那位果敢敏銳的僧侶深得我心的一席話，恰巧說中我一直以來認為的「日常」的重要性。

我們的日常生活只是一天過一天，沒有值得回顧的地方；我們的日常生活，只是為了虛擲而存在。如果抱持這種想法、這種感覺活著，由日常生活堆砌而成的人生，豈不是黯然無光？

不，或許我們沒有察覺到自己有這樣的想法、這樣的感覺，甚至連人生逐漸褪色也沒發現。我想，我們應該用生命的喜悅來填滿日常生活。

日常生活中隱藏著許多人生樂趣。
沒錯，就藏在——
你面前奪眶而出的淚水深處。
你身旁傳來的爽朗笑聲中。
你肌膚上直接感受到的輕柔暖意裡。

山下英子　於山西省五台山

目錄

目錄

輯四／身心・心

目錄

輯六／意識・創造

目錄

輯七／身心・身

目錄

輯九／變化

目錄

輯十／演進

輯一

整理・生活

００1

放棄整理，就是放棄人生。

不可以放棄整理；因爲整理不只是清理物品或住家，也是調整人生。別小看整理；因爲整理就是開創人生的源頭，因此，放棄整理等於放棄人生。只要持續整理、不放棄的話，人生就會自行朝向更美好的方向發展。

——山下英子

佛教主張「四諦」。所謂四諦，就是苦諦、集諦、滅諦、道諦。佛教所說的「諦」，與日本人現在使用的「諦」，意思正好相反。佛教是指盡人事之後到達的境界；四諦之中的道諦則是指覺悟的實踐方式。斷捨離就是現代社會的道諦之道，也是爲了達到「諦」的境界，不「半途放棄」的日常哲學。

——自凝心平

００２

身體是生命的容器，
住所是身體的容器。
亦即住所是生命的容器。

你的身體裡住著你的生命，我的身體裡住著我的生命；也就是說，身體是我們生命的住所。身體的住所是房子，也就是說，房子是我們生命的大容器。疏於整理住家、偷懶不整理住處，表示我們隨意對待自己的生命。因此，請先嘗試整理居住環境。整理居住環境就是在乎生命。

——山下英子

肌膚的照護稱為「肌膚保養」，身體的照護稱為「自我保養」，而心靈的照護稱為「心理保養」……。生活在現代社會的每個人，以自己的方式解釋這些名詞，並以自己的方式實踐照護。然而，我們真正需要的是照護整個人生的「生命保養」。照護你的生命，就從動手整理居住空間開始吧。

——自凝心平

003

然後，居住空間也生病了。

家裡物品凌亂，到處塞滿、堆放許多東西，久而久之，居住空間逐漸淤塞，房子就這樣生病了。塞滿東西、無法代謝的房子很可憐；持續生活在無法代謝的房子裡，自己最終也會逐漸消沉。房子生病，人也會生病；房子健康，人也會健康。人與居住空間之間存在著難以解釋的關聯，請各位必須察覺到這一點。

——山下英子

「病」這個字，是一個「疒」（音義同「床」）字邊加上一個「丙」。「丙」在日文是健康、食祿、藝能的意思，也是甲乙的第三位。「丙」在陰陽思想中象徵太陽，也就是太陽關在「疒」裡。另外，日文的「黑暗」與「生病」同音，表示待在堆放許多東西、鮮少照到陽光的室內容易生病。住在這種地方的人，心中的活力也會被封閉。

——自凝心平

004

無須「改變」自己，
只要「整理」日常生活。

整齊就會達成平衡。是的，物品整齊、住家整齊的話，心自然就會達到平衡。因此，沒必要責備自己「沒用」，沒必要替「不爭氣」的自己打氣，也沒必要試圖積極「改變」自己。更重要的是，整理「日常生活」空間；清除多餘物品，用自己的雙手精心改變空間，生活也將隨之改變，日子也會變得踏實真誠。這麼一來，人生也將出現戲劇性的變化。

——山下英子

置身在物品過多的生活空間、資訊滿溢的想法之中，你很難真正改變。既然如此，細心刪除多餘的東西，試著面對最後留下的簡單物品及資訊，你一定能夠從中找到自己真正的渴望。

——自凝心平

005

把鞋子擺好。

一天之中，最能夠讓人放鬆的場所，就是從外頭回到家裡時的玄關。你會在這裡卸下對外的社交模式，舒緩緊繃肌肉，放鬆自律神經，並在進門的瞬間一口氣吸入玄關的空氣。玄關必須有清新的空氣；玄關愈亂，代表你的身體也跟著亂。今天就從擺好玄關的鞋子做起吧。

——自凝心平

除了脫下的鞋子之外，還要留意換下的衣服、蓋腿的小毯子等物品用完應該放在哪兒。這個過程比想像中困難。沒錯，因為我們的心已經奔向下一件事，早就不在乎腳邊、手邊的情況，當下往往急得連喘一口氣的時間都沒有。規定自己「現在這一刻必須用來整理」，完成之後，做好心理準備再邁向下一步。而整理鞋子就是最重要的第一步。

——山下英子

００６

「住家的污垢」
就是「心靈的污垢」。

物品裝也裝不進收納空間，溢出收納空間之外收也收不完，到處散落，當中有些是捨不得丟而累積下來的。這些物品已經成為毫無用處的污垢，也是生活的污垢。放任這些污垢不管，有害身心健康。也就是說，這些生活污垢緊跟著我們，最後將變成刷也刷不掉、牢牢黏在心上的污垢。

——山下英子

人人都想清除身體上的污垢，因為大家都知道污垢既不衛生，也會阻礙皮膚呼吸。皮膚無法呼吸，身體就像是阻斷了對外交流，最後將無法與他人「意氣相投」。同樣地，不理會住家髒污的話，你的生活也將會與社會隔絕，孤立無援。

——自凝心平

007

要收起來，殺了它？
或是丟棄，找尋新生

別以為收拾就是收納，收納必須思考物品井然有序所代表的意義。你是要以收納、收拾之名把物品收起來，讓它們最後變成不再使用的滯銷庫存？或是讓精挑細選的物品發揮最大的作用？兩者的差異很大。丟掉就是篩選。千挑萬選最後留下來的物品，值得我們珍惜並善加利用。

——山下英子

土葬、火葬、風葬、海葬……我們明白人死後遺體會回歸大自然，因此，要徹底享受現在的生活。所以也為物品舉行葬禮吧！放開不需要的物品，為它們好好準備一個通往死亡的舞台。此舉將能為眼前的重要物品注入活水。

——自凝心平

008

收拾是驅魔，打掃是淨化。

每天都要收拾與打掃，不知不覺間，就會變成例行公事，最後淪為想要偷懶、討厭的工作。然而，收拾的用意是去除「不正」；打掃，也就是掃除、擦拭、刷洗，則是為了帶來「乾淨」。重新了解意思之後，無趣的日常工作也會變成十分有價值的「淨化」儀式。

——山下英子

驅魔、淨化在神道教*是「惟神之道」，也就是追隨神的方法。「道」上如果有阻礙，人就會脫離大道，另闢旁門左道。因此，收拾、打掃能夠消除旁門左道，也是幫助你堂堂正正走上康莊大道的重要修行過程。

——自凝心平

注解：「神道教」是日本傳統的多神宗教。

009

人無法活在無緣社會*裡。
與外界的連結就從整理家
裡開始。

拒絕他人靠近你擠滿物品的空間，就像不想讓人看見的想法，切斷了你與居住地其他人的互動。登門造訪的客人也相同；他們不認為在塞滿東西的密閉房間或屋子裡，能夠受到優質的款待。所以，來吧，丟掉多餘的物品，把住家變成能夠對外開放的空間，如此一來，你將會主動與街坊鄰居來往。對外敞開的空間裡，住著獲得解放的心。打造想找人來玩的家、讓人願意登門造訪的家，就能夠與社會建立連結。

——山下英子

款待，是指表裡一致、沒有謊言的狀態。「歡迎你隨時來」這句話的背後，如果存在「若你真的來訪，我會很傷腦筋」的情緒的話，你的生活就會表裡不一，變得生硬不自然。款待，靠的是每天收拾環境，保持隨時能夠對外開放的狀態。

——自凝心平

注解：「無緣社會」是日本 NHK 電視節目的新創名詞，意思是人與人之間的關係日漸疏遠的社會。

輯二

物品・空間

010

不必擁有全部，
也無法擁有全部。

希望盡量擁有許多東西是我們的本能。「爲了因應臨時需求……」、「不想因爲不夠用而傷腦筋……」等，都是不算藉口的正當理由，但結果就是導致我們累積了太多東西。我們不可能備妥所有，也不必保有一切。物品不是爲了以備不時之需而存在的，需要時再準備就好。這樣，生活才能夠常保餘裕。

——山下英子

佔有慾是十分不可思議的；擁有愈多，愈失去自由。不同於呼吸、休息、睡眠、飲食、排泄這些與本能有關的欲望，「佔有」是次要的欲望，無法直接影響生命安危。那麼，我們爲什麼想要擁有呢？爲了勝過他人？爲了消除不安？爲了代替無法被滿足的心？仔細看看你家裡的東西，你就能看到隱藏在其中的眞正想法。

——自凝心平

011

生活的庫存，
就是人生的負債。

漸漸不再使用的物品，最後不再使用；漸漸不穿的衣服，最後不再穿；漸漸不看的書，最後不再看。儘管你認為「也許某天會派上用場」而保留到最後，往往還是買了新東西，導致「也許某天會派上用場的東西」堆積如山，即使曾經想過卻還是不願賣掉。庫存就是負債。如同負債會導致公司經營陷入困境，那些「也許某天會派上用場的東西」，也會造成你人生經營的負擔。

——山下英子

庫存會導致成本增加——這是企業管理不變的法則。經營者為了避免存貨滯銷，絞盡腦汁建立商品流通的方式，日以繼夜尋求業務上的突破。我希望各位明白，生活庫存也是要花費成本的，了解物品堆著不處理將帶給人生經營負擔。在你因負擔沈重而窮途末路之前，想想辦法，花點心思，然後行動。

——自凝心平

012

物品的堵塞，
就是思考的堵塞。

情感堵塞，思考就會堵塞；思考堵塞，空間就會
被物品堵塞。原因就在於，我們顧慮到該物品的
價值，而最後選擇留下。但是，如同身體少不了
排泄，我們也必須放掉塞滿腦袋的想法及充滿內
心的情感。然而，事情並沒有那麼簡單。因此，
必須先從物品下手；只要清除堵塞各處的物品，
想法與情感自然就會順暢湧現。

——山下英子

有愈來愈多人發生如腦血管梗塞的情況。如果思
考堵塞會導致「腦部堵塞」的話，那麼，情感堵
塞或許會導致「胸口堵塞」，也就是心肌梗塞。
腦梗塞、心肌梗塞，以及癌症這現代三大死因的
疾病，都與「堵塞」、「堆積」有關。認清這項
事實之後，首先要清除堵塞你生活空間的物品。
這就是生活在現代的我們，必須採取的預防醫
學。

——自凝心平

013

人總想填滿空間。

空曠的空間充滿夢想與希望。是的，光是想像今後能夠用什麼填滿這個空間就覺得愉快。但，這個空間最終還是會被各種物品埋沒殆盡，過去的夢想與希望將變成污濁與停滯。來，讓我們找回空間吧。只要空間不再被多餘的物品掩蓋，心境上也會變得悠然自得。

——山下英子

孩子們原本在空無一物的地方發揮想像力玩耍，如果把玩具交給他們，就會引發爭吵，這就是物品的引力。物品的引力會強化孩子們彼此之間的精神斥力（反彈力），而導致爭吵。充滿物品的空間容易產生這種惡毒的精神斥力，請各位記住這一點。

——自凝心平

O14

將束縛的空間、封閉的空間，
轉換為自在的空間。

假如住處充滿著不必要的物品，你的生活將被過去束縛；假如住處充滿許多礙事的物品，你將過著封閉的生活。住處如果變成這些多餘物品的棲所，你的未來絕對無法自由。住處必須是你能夠主導的「自在空間」。

——山下英子

假如四方形置物箱放在走廊上，每次回到家，都必須側著身體才能通過；每天都必須撥開擋路的物品才能夠前往廚房、廁所、浴室的話，身體就會養成歪斜的走路姿勢。物品是讓我們歪斜的磁鐵，這一點請銘記在心。

——自凝心平

輯三　言語・故事

015

每句話的背後都有「故事」。

說出的話，都有各自的背景、各自的故事，因此，別聽到什麼就接受什麼。如果能夠睜大眼睛看、側耳傾聽、用心感受的話，應該能夠讀出那些話語背後的故事。這麼一來，也就無須擔心自己只知道了表面，也可以防止因溝通而產生的誤會。

——山下英子

據說，我們的腦子每天使用五萬個單字反覆延伸思考，其中一小部份會形成對話或發言而顯現於外。因此，一個人的談吐所展現的，是他內心的世界。尤其是不自覺說出的口頭禪，更訴說著你腦子裡的故事。

——自凝心平

016

留意言談中的不自覺。

我們對自己所說的話往往沒有自覺，甚至也沒有察覺自己慣用哪些單字。語尾、委婉說詞、口頭禪等具有個人特色的遣詞用字都很難改變，而這些也是個人「想法」的特徵。留心詞彙的特徵，因為「想法」塑造一個人。你不想與能夠豐富人生的詞彙，亦即想法，一起往前走嗎？

——山下英子

口文中的「言舉」*，舉出詞彙，就是將你腦子裡的想法顯現出來。從你嘴裡說出的話，構成你的人格及他人對你的印象。透過「言舉」說出口的詞彙，能夠定義你這個人。是的，有自覺地使用詞彙，你就能夠建立自己的人格。

——自凝心平

注解：「言舉」是日本神道教的用語。意思是以明確的詞彙說明，並解釋宗教教義。也就是「說話」的意思。

017

打招呼的奇蹟。

如果住在公寓大樓裡，請向電梯裡偶遇的人說聲「早安」、「你好」。嘴角揚著微笑打招呼，能夠替人打氣。短短一句，有認同對方存在的含意——「原來你在這裡生活啊」。世道形成「別主動與陌生人攀談」由來已久，但我仍衷心希望打招呼這種小小的日常奇蹟能夠發生。

——自凝心平

打招呼傳達的是「我有好好看著你」的意思。請回想小時候玩「躲貓貓」的情況。遊戲最終贏家是能夠躲到最後的人，但就算被找到也不見得不好玩。沒錯，這個遊戲實質上就是為了被找到。我們希望自己的存在有人發現，因此，無論如何都要主動打招呼。所謂的打招呼，就是滿足「互相承認」渴望的第一步。

——山下英子

018

「我回來了」與「你回來啦」。

我們總是在生活中尋找屬於自己的容身之處；不只是身體的去處，也是心靈的避風港。喊一聲「我回來了」，是自己住在這裡的證明；有人喊著「你回來啦」以迎接，證明這裡是你的棲身之所。容身之處的確認與肯定，只需要這樣不起眼的對話，就能夠讓我們安心度過每一天。

——山下英子

從每天的「我回來了」、「你回來啦」對話，可看出一起生活的人身心是否健康。反覆的出門、回家，也能夠感受到彼此在外面世界的情況與微妙變化。「我回來了」、「你回來啦」是家人確認彼此身心狀態的重要日常習慣。

——自凝心平

019

每個人的說話方式不同，
傾聽的方式也不同。

耳聞、聽聞、聽說──同樣的意思，卻有不同的寫法。由此可知，「聽人說話的方式」不同會有不同的作用。「好像聽進去了，卻完全沒在聽」的情況時有所見，各位要記住這是常態。我們也必須記住「人類習慣把別人說的話，聽成自己想聽的意思」。對於現代社會的溝通方式，要有這種程度的心理準備。

──自凝心平

「聽」這個行為的真實情況，是讓你想傾聽的對象主動說出你想聽的內容。亦即「聽」是十分自我、任性且缺乏自覺的行為，因此，各位必須留意自己的聽話習慣。沒有共同話題、文不對題，這些也是缺乏自覺所導致。最遺憾的聽人說話方式，就是企圖塑造出「只有我願意聽你說」的形象，事實上，卻絲毫沒把對方的話聽進耳裡。

──山下英子

020

言談之中也有過與不及。

有些人是話說太少，有些人則是沒事喜歡多那一句不必要的話。我們總是重要的事情不說，卻不小心說出沒必要說的話；這就是說話的過與不及。破壞人際關係的，往往就是這些小誤會。有時只要一句「對不起」就能夠安撫雙方的心；但有時一句「你奈我何」，便會導致彼此的不愉快。

——山下英子

再多吃一口、再多一個、順便買一買、一併買好——我們總是難以抗拒想要更多的誘惑。過著這種被過剩物質束縛的生活，到了重要時刻，反而會失去「心靈力量」而說出缺乏真心的話語，造成聽者不愉快，或說太少以致於沒能夠傳達心意。物質愈多，表示心靈的力量愈不足；相反地，心靈愈充足的話，物質欲望愈少。這也會展現在平常說話是否帶著真心。

——自凝心平

021

主導說話就是主導人生。

為了讓人生成為自己的，請找回自己的嘴巴。以堅定的態度表達「我是這麼想」、「我是這麼思考」、「我有什麼感覺」，這是掌握自我人生的重要方式之一。依照個人意思說出口的話，會有明確的主語與語尾；依照個人意思使用的字詞，則有明確的責任歸屬，至少不會是「一般會認為」、「一般人這麼想」。

——山下英子

日常生活使用的大多數詞彙，都是借用自其他某個人；可能是電視上播放的話題，可能是與天氣或季節有關的普通對話，又或者直接引用現在讀到一半的書裡的內容。希望各位記住，說出口的，必須是自己內化的話，哪怕只有一成也好。用自己的詞彙說話，才能夠成為自己人生的主角。

——自凝心平

022

能夠說出「對不起」才健康。

「對不起」的日文漢字寫成「御免」，這個「免」是「免疫」的「免」，意思是免除疾病、從生病的狀態康復、脫離生病的狀態。而「免許皆傳」這句日文的意思，是把技術毫不保留地傳授給弟子，也就是弟子不受上級拘束、在該領域的立場很自由。因此，「對不起」是讓自己處於自由狀態，也是身體喜歡的魔法咒語。懂得適度善用這個咒語，就是通往健康的捷徑。

——自凝心平

「謝謝」或許比較容易說出口。畢竟感謝的話不會委屈到自己，以不同的使用方式表達感謝，甚至有可能讓我們攀上高位。然而，「對不起」就不是如此了。原因在於說「對不起」等於承認自己的錯誤；關鍵在於我們不想承認自己有錯。因此，「對不起」是相當需要勇氣的一句話。

——山下英子

023

雙腳步行，
會帶來說話的能力。

人類之所以爲人類，是因爲具備三大特徵——懂得思考、會說話、能夠雙腿步行。雙腿步行，使得人類擁有自由的雙手，也擁有更廣闊的視野；頭部抬高，使得人類的食道與氣管構造產生複雜的變化，也因此而獲得說話的能力。每個人的走路方式不同，但這種不同很難察覺。走路方式的不同，使得說話與思考也不同。如果想要改變自己的思考方式，不妨先從改變走路方式開始吧。

——自凝心平

走路、走路、思考；思考、思考、說話。不可以停止思考；也不可以停止說話。原因在於，我們生活在思考出的詞彙所創造的結構之中。我們必須反過來利用這種結構，因此，我們走路，持續走路。走路的同時也在訓練思考迴路、創造詞彙。

——山下英子

024

情況一旦被定義，
思考就會停止。

詞彙既是框架，也是碉堡，更是牢籠。隱約有的想法一旦找到適當的詞彙表達，我們就會感到安心。舉例來說，假設你定義「無法丟掉不需要的東西、猶豫不決的態度」是「執著」的話，你就會自行做出「原來如此啊，也只能這樣了」的結論。終究只會「自憐自艾」，而不去尋找實際的解決方法，連想要跳脫框架的念頭也沒有了。

——山下英子

假如我們認為自己貧窮，就會做出貧窮者會有的舉動；假如我們認為沒有自信，就會真的失去信心。想法創造一個人，最終也會使這個人陷入進退兩難的窘境。有更豐富的詞彙能夠表達自己的話，生活也會變得更豐富；使用膚淺的詞彙表達自己的話，只會展現出膚淺的自己，不對，或許是讓你變得膚淺。為了避免停止思考人生的關鍵，就必須認識並透過許多方式運用詞彙。

——自凝心平

025

詞彙就是「個」與「場」。

詞彙，是你這個「個」人，用來打造四周「場」合（氣氛）的重要工具。擁有很多詞彙、懂得利用不同方式表達自己的人，便能夠在各種場合暢行無阻。更進一步地說，懂得利用詞彙力量稱讚別人的人，有能力打造令人愉快的「場」合，自己也將是最大受益者。想要彰顯自己這個「個」人，就讚揚你四周的「場」合吧。這就是詞彙的用途。

——自凝心平

所謂詞彙，展現的就是你，就是你自身；所謂詞彙，展現的就是我，就是我個人。爲了幫助你我互相了解彼此，爲了更進一步加深理解，我們必須累積許多詞彙，進而串連成許多對話。是的，詞彙的用途，就是打造理解的機會、接納的空間。我想正因爲如此，我們才總想要利用安慰與鼓勵的話語來滿足自己。

——山下英子

026

「傳達」與「知悉」不同。

有些事情想要傳達卻說不出去，「傳達的一方」與「知悉的一方」存在很大的隔閡；原因在於我們只傳達自己想傳達的事。「知悉」，從頭到尾都是被動的行為。「傳達」，不能一心只想著按照自己的想法來說服聽者接受。這種念頭正是導致人際關係產生莫大齟齬的原因。

——山下英子

「傳達」是以我方為主體；「知悉」則是以對方與我方的關係為主體。「傳達」是單方面盡到自己的責任，至於對方是否接受，則端看對方，亦即雙方是各自獨立、互不相干的狀態。另一方面，「知悉」靠的是雙方過去存在的互信關係。日語語言學的「主客非分離」*，亦即刻意不區分主觀與客觀，讓主客體自然使用相同的詞彙（共享純粹的經驗）。傳達產生誤解時，就當是重新審視日常關係的機會吧。

——自凝心平

注解：請參考 P.078

027

說話要先看
自己與對方的關係。

說話謹慎或隨便，確實會影響到人際關係。無論說話詞藻多華麗，一旦關係破裂，一切也只是枉然。只要關係良好，即使說話方式粗魯，對方也能夠明白你真正的感受。因此，重要的是說話的你是否誠實面對自己的想法。這種誠實將會 定毫無隱瞞的人際關係。

——山下英子

詞彙有時伴隨著敬意。即使對方罵你或是向你抱怨，只要對方是你尊敬的人，你就能夠坦然接受。反之，如果你對於對方沒有敬意，無論對方遣詞用字多麼漂亮，也無法打動你的心。同樣一句話，也可能因為說話的人不同而有不同的意義。你與對方是什麼關係，比起你用什麼詞彙說話更重要。

——自凝心平

028

麻煩、無聊、不得已。

「麻煩」、「無聊」、「不得已」，都是應該盡量避免使用的負面字眼。但是，如果你知道這些詞彙在日文裡原本的意思，換個角度來看的話，它們將會變成很好用的詞彙。「麻煩」（因為難以應付而覺得煩）在日文有「並非有資格照顧對方的關係」之意。「無聊」（渺小到一點兒也不重要）則是「想要消除瓶頸」。「不得已」（沒轍、沒有手段或方法）是「企圖消除秉性＝自我」的意思。不自覺說出這些字時，正是徹底察覺自身目前狀況的機會。

——山下英子

我們來看看「麻煩」、「無聊」、「不得已」這些詞彙出現的歷史吧。在日文誕生的過程中，一個詞彙的使用方式可能有正反兩種意思。舉例來說，「適度地（隨便）」、「適當地（敷衍、搪塞）」這兩個詞的用法如果不同，意思也大不相同。使用含意曖昧的詞彙，正好考驗你遣詞用字的能力。

——自凝心平

注解：「主客分離」與「主客非分離」的定義有以下幾種：

- 以 A、B 兩人在戶外對話為例

  A：今天好冷呢。B：是啊，真的很冷。

  主客體在同樣的場所共享同樣的經驗（共享純粹的經驗），即「主客非分離」。

另一種分法：

- 以記者形容所見所聞為例

  記者在現場看著事件發生，同時轉播，即「場內」觀點＝主客非分離。

  記者過了很久之後說起之前發生的事件，即「場外」觀點＝主客分離。

輯四

身心・心

029

「煩惱」沒有帶來快感嗎？

沒有人沒有煩惱。任誰一定都有某些煩惱，有些人習慣把煩惱說出口，有些人則否，這種差異從何而來呢？另一方面，有些人總是在煩惱，也有些人則否，這種差異又是從何而來呢？差異在於你是停留在煩惱的狀態，還是起身解決問題？你將「煩惱」視為一種狀態，還是一個問題？你是浸淫在狀態裡，還是動手解決問題？這當中的差別很大。

——山下英子

「煩惱」的「惱」是豎心旁，部首右側則表現出「頭腦打結的樣子」。煩惱，就是茫然找不到出口的狀態。但茫然也會使人上癮。煩惱實際上會伴隨疲勞，因此，讓人覺得似乎做了一番大事。你為了解決煩惱，與人見面、與人交談，嘗試以客觀的角度看待煩惱，於是煩惱成為你行動的動力，變成你增添人生重要色彩的素材。

——白凝心平

030

「身心一體」與
「身心的交會點」。

身心一體，身體與心靈本是交疊，且不可分割；但現在的我們不知不覺就把兩者分開、個別思考。於是我們在身上找尋心靈的藉口，在心上找尋身體的理由，試圖找出「身心的交會點」。是的，以這個交會點為線索，你應該能夠更加善待自己的心靈與身體。

——山下英子

與其說身體連著心靈，更貼切的形容應該是兩者交織重疊一起。身體在進行新陳代謝之後，逐漸替換上新的蛋白質與細胞。同樣地，心靈的新陳代謝也是透過每天吸收新資訊以進行更新，並且啟動「遺忘」功能來捨棄老舊廢物。心靈與身體雖有相同的特徵，卻處於不同的次元；前者只發生在心理次元，後者只發生在生理次元。

——自凝心平

o31

所謂的「啟動幸福功能」。

我聽到「幸」這個字是形容「把人釘上十字架的樣子」時，感到十分錯愕。據說，「幸」的意思最初是指無論處於任何情況，都比釘上十字架幸福吧。換句話說，最不幸的就是受到限制、被剝奪自由。想想，我們在生活、人際關係、工作上，是否也受到「習慣」這個十字架的枷鎖束縛呢？以個人的自由意志打破日常的十字架，才能夠「啓動幸福功能」。

——自凝心平

幸福，不是靠外人帶來，也不是就在那兒等著你去抓住。而不幸，不是某個人導致，也不是就在那兒等著你跌進去。幸福與不幸都沒有具體形象，而是你自身的感覺。兩者都沒有實體，只是幻覺，因此，必須靠你徹底發揮想像力才能夠啓動。是的，幸福的關鍵，在於你如何啓動它、使之發揮作用。幸福不在你之外的其他地方。

——山下英子

032

保持樂觀，
但必須有心理準備與勇氣。

假如你經常後悔曾經做過的事，煩惱現在煩惱也沒用的事，對於尚未發生的事充滿不安，那麼，變得樂觀一點吧。是的，保持樂觀。事實上，要成爲樂天派、當個樂觀的人，全都是自己的選擇。然而，這是我們不習慣的思考模式，必須有心理準備與勇氣。確實，你需要些許的心理準備與勇氣來主動採取行動。

——山下英子

能夠看出全盤狀況、對照各類資訊，以累積經驗推測未來，是有「先見之明」的人。可是，累積經驗的過程愈縝密，在實踐之前愈容易擔心失敗、感到不安。這種人堅信通往終點的唯一方法一旦走偏一步，就無法抵達規劃好的未來。世界級領導人的共通點，就是能樂觀推測未來，這也是他們與默默無聞者之間最關鍵的差異。縝密加上樂觀，便是經營人生的祕訣。

——自凝心平

o33

相信，但不期待。

相信自己吧！相信別人吧！相信這個世界吧！因為信任可以帶來行動，因為行動將會帶來結果。但你不該期待行動的結果；因為對自己的期待、對他人的期待、對世界的期待，只不過是傲慢與獨善其身的執著。假如完全信任，但不去期待的話，宇宙將會把你想都沒想過的大禮，從遙遠的他方送到你面前。

——山下英子

期待是被動的，信賴是主動的。對於自己，對於他人，對於這個世界，是期待或是信賴，差別很大。期待不伴隨責任，但是信賴有；期待往往伴隨失敗的風險。期待與失望會產生劇烈的感情落差，最終直接影響胸腔（心肺功能）。另一方面，信賴有時或許也帶著背叛的風險，但有助於學習。信賴可強化「肚子」（消化功能），培養掌握人生的能力。

——自凝心平

034

我們在吃的同時，
也吃下了不安。

在「食」的世界，我們處於兩大不安之中。一是食物本身的危險，也就是我們在充滿污染、添加物、人工、非天然的食物環繞之下；另一個則是飲食方式。人們喜歡討論營養與熱量，只把焦點擺在健康疑慮與導致肥胖的風險。「食」的意思是，徹底品嚐生命。用生命維繫生命，與是否吃得愉快無關。

——山下英子

你絕對想不到用餐時的氣氛，會帶給消化吸收多大的影響。帶著焦慮心情吃飯的話，食物會快速通過胃，把尚未消化的東西送進腸子裡。懷抱不安與恐懼吃飯的話，食物會留在胃裡不動，容易腐敗，導致胃炎。無論多麼優質的食材，無論廚師的廚藝多麼高超，別忘了製作出來的料理，最後的調味料還是「你的心情」。

——自凝心平

035

聚焦在「生命的愉悅」
就是「珍惜自己」。

即使旁人鼓吹「珍惜自己」、「重視生命」，我們仍然困惑，不知道應該怎麼做。既然這樣，就把焦點擺在「愉悅」吧。動物要維持生命，少不了新鮮空氣；人類要維持社會命脈，少不了與人交流、獲得認同。人要維持精神命脈，少不了感動與美好。呼吸、認同、美好，注意這些並維持平衡，讓生命處於健康愉悅的狀態，也等於是珍惜自己。

——山下英子

不悅是不自覺的反應，愉悅是有意識的行為。有意識地活過今天，意思也就是愉悅地度過一天。揚起嘴角，露出微笑，眼中的笑意，能帶給周遭其他人愉快氣氛，這種生活方式也是珍惜自身生命的展現。你四周的反應（回饋）打造「你的健康」；也就是說，你灌注給旁人的愉悅，深深影響自己生命的活力。

——自凝心平

036

「憤怒」＝「行動」

不採取策略改善現狀，只是悶著頭忍耐，就會「焦慮」；流露情感表達某些主張，就會「憤怒」。憤怒經過加工、適度表現及行動的話，就有機會打破現狀。另一方面，焦慮無法改變現狀，只會累積在體內。行動能夠淨化憤怒，忍耐只會帶來焦慮。兩者同樣出自你身上，如何面對，將影響到你的健康。

——自凝心平

若說什麼是行動最大的原動力，就是憤怒——不容許這種情況發生的憤怒、認為不應該饒恕這種事的憤怒。是的，憤怒是將這個現實世界變成更美好的力量，因此，不必封印憤怒，也不必把憤怒視為負面情緒而壓抑。有問題的是，憤怒的存在方式。別把只顧自己、不顧別人的怒火發洩在周遭旁人身上。

——山下英子

037

「恐懼」＝「勇氣」

恐懼有助於釐清哪些事物對自己有危險、哪些則否，進而訂出優先順序。相反地，不安的存在是那麼不起眼，讓人總是感到自己受到威脅，進而產生「必須有人保護我」的主張或依賴。恐懼促使我們產生勇氣，邁向人生；不安則是讓我們放棄這種勇氣。

——自凝心平

恐懼或許是愛的反面，或者說，愛是切也切不斷的。假如真是如此，如同愛一個人時需要勇氣——是的，奔向某個人的懷裡需要勇氣——恐懼也伴隨著勇氣。不，不對，恐懼或許可用來測試愛的強度與深度。那麼，帶著接受那份恐懼的勇氣，去愛一個人、去接受別人的愛吧。

——山下英子

038

「悲傷」＝「愛」

情感是深深凝視時，可發現全新自我的線索。當你這麼體悟時，你就能夠看見每一種情感所代表的重要意義。憤怒翻過一個山頭，就會變成理解；恐懼克服了之後，就會變成勇氣；悲傷跨越了之後，就會變成愛。悲傷的「悲」寫成「非心」，愛則是「受」的中間放入「心」。失去的心受到某個人的接納時，悲傷就會變成愛。

——自凝心平

原來如此，悲傷也是一種愛啊。失去物質的悲傷、失去人的悲傷、失去回憶的悲傷。因為你曾經對物質、人、回憶付出愛，失去的時候，才會感到悲傷。既然如此，如果不想要悲傷，只要不去愛就好了。但這麼一來，人生就少了味道，這樣的人生很無趣。狠狠去愛，徹底悲傷，或許才是活得更有靈魂、更有生命力的方式。

——山下英子

０３９

別忘了「基礎」。

我們忘了「基礎」，我們想不起「基礎的重要」，因此，必須刻意反省並確定自以為已經精通的事情，並反覆持續到身體記住為止。超越困難的技巧總是存在於「基礎」之中；不斷祈求期望獲得的重要東西，其實早已存在於「基礎」之中。

——山下英子

身體的「基礎」就是呼吸與進食。但是沒有人算過自己一天要呼吸多少次，也沒有人能夠正確說出一天消化的蛋白質公克數。我們沒有察覺到身體處於恆定狀態（體內平衡），但我們有時會刻意深呼吸、刻意咀嚼。回歸身體的基礎吧，別把一切都交給自動導航。不忘身體的基礎，正是預防疾病的最大祕訣。

——自凝心平

輯五

連結・關係

040

適度放手，
保持適當距離。

親子、夫妻、兄弟姊妹的連結等「家人」關係，避免不了難以解決的要素；因為你與對方有連結，對方也等同於被迫與你有連結。而且家人之間容易出現「對彼此的期待」這種控制與依賴。因為是家人，更應該互相信任，適度放手；因為是家人，更應該對彼此放心，保持適當距離。

——山下英子

心靈相通、互相信賴、能夠安心進行情感交流，這種信任關係在臨床心理學上稱為「投契關係（rapport）」。但是還有一個字比這個更重要，就是「疆界（boundaries）」，意思是心理上也要清楚劃分界線，包括情感的界線、責任的界線等。有時在同情之餘，也別忘了避免過度介入、深陷其中。信賴與適度的界線，是人際關係的重點。

——自凝心平

041

促使關係發揮作用。

我們不可能喜歡自己身邊的所有人，有時甚至會感到厭惡。但你所討厭的對象也會有人喜歡，他們可能是別人的好老公（好妻子）。也就是說，你所討厭的人，只是你與對方之間存在著「討厭的關係」。因此，試著改變看事情的角度，摸索建立「關係」的方式，這麼一來，將會啟動在此之前不存在的關聯，促使關係發揮作用。

——山下英子

關係很難改變。對方過去對你說過的話、你對他說過的話，形成了你們之間的印象過濾器，進而綁住你們的關係。如同孩子受到父母親的影響長大，大人也會受到周遭的影響而改變。拿掉過去的過濾器，重塑對於對方的印象，你們的關係就會改變。自主引發這種改變，便能夠促使關係發揮作用。

——自凝心平

０４２

邊緣效應*。

生物待在自己的地盤（生活領域）裡難以演化，
在生活領域的邊緣（edge）遇到其他生物、進而
與之交流，才能夠促使演化。如同動物在地盤以
外的地方接觸不同動物而發生演化，我們也透過
與其他領域、其他類別的不同業種交流，產生內
在演化。待在舒適圈裡，很難改變自己。

——自凝心平

躲在碉堡裡是不會發生任何變化的。待在碉堡裡
的確很安全，也會讓人覺得安心，但老是待在舒
適圈，受到的刺激永遠相同，總有一天，你的身
體將會怠惰，心靈也會感到厭煩。原本是用來保
護自己的碉堡，竟成了讓自己腐朽的牢籠。所
以，來吧，離開城堡，看看不同的世界，稍微呼
吸不一樣的空氣，到處走走。這麼做，應該能夠
喚醒你的活力。

——山下英子

注解：兩個或多個生態系之間的過渡區域，稱為「邊緣」。在此過渡區域，一
　　　個生態系統對相鄰的另一個相異環境所產生的影響效應，稱為「邊緣效
　　　應（Edge effect）」。

043

偶而要有求救的勇氣。

張口「求救」也十分需要勇氣。原因在於，你必須覺得自己有「得救」的價值、自我肯定，才會做出求救的舉動。此外，你也必須曾經受過他人的幫助，否則會開不了口求救。幫助別人的勇氣及開口求救的勇氣，兩者的來源相同。能夠求救的自己、擁有受人幫助價值的自己，兩者的基礎都是對自己的信賴。是的，再沒有什麼比相信自己更需要勇氣了。

——山下英子

以不想被人看輕、忽視的態度努力，比別人用多一倍的心，去做比別人多一倍的工作，於是，周遭人們對你的印象是「好能幹啊」。事實上，你很希望有人幫忙。你漸漸掩飾軟弱的自己，無法開口對旁人說「救我」、「幫我」。我們為什麼有缺點？就是為了與人產生連結。彼此的缺點互補，才能夠與其他人產生關聯。真正堅強的是，願意面對自身弱點與缺點的人。

——自凝心平

044

邂逅喚醒才能。

邂逅是共鳴。所謂的共鳴現象，是指頻率相似的物質互相增強彼此的能量。假設人人都有自己天生擅長的頻率範圍（真心喜歡的事物與才能），那麼，在該領域與某人邂逅就會產生強烈的共鳴現象，而成為改變自己人生的力量。結果也是讓有潛力的人展現才華。邂逅喚醒才能，我們的人生有許多這樣的邂逅，支持才得以成立。

——自凝心平

我們的人生取決於邂逅，我們的命運因為與人邂逅而改變。尤其是遇到許多促使你有新發現的人，能夠讓你厚重的外殼出現裂痕，進而孕育你自行破殼而出的力量。是的，透過邂逅，你才能不斷脫殼成長，變得大器。

——山下英子

045

透過他人，認識自己。

你有時會煩惱「自己是誰」，也會因為「找尋自我」而感到徬徨。但你就是在那當下、那當場存在的你而已。原因在於所謂的「自己」，經常因為你與該場合人們的關係而改變。換句話說，我們透過他人反省自己的善良、邪惡、優秀與拙劣，深入探索，然後再次成長。

——山下英子

請試著想像，假如這個世界上只有你一個人。首先感到困擾的，將是「我不知道自己是誰」。在只有自己一個人的世界裡，恐怕連「我是誰？」的疑問都不會產生吧。這個世界是因為與人比較後出現不同，才會有「我是我」的認知。也就是說，我們是為了在眾多邂逅中認識自己是誰，才來到這個世界。

——自凝心平

046

「沒有邂逅」的人，
只是選擇了沒有邂逅的人生。

打算買車時，我們總會注意著路上的車輛，因為我們的注意力全向著車。這種現象在心理學上稱為「彩色浴效應（color bath）」。透過意識濾鏡看世界，腦就會傾向於想要從中找出自身注意到的東西。沒錢、沒好運、沒有邂逅……當你認定「沒有」而去接觸這個世界時，等於是你選擇了那樣的世界。邂逅不會從天而降，而是需要你去發掘。你主動意識到什麼、找尋什麼，將會使得現實大不相同。

——自凝心平

一直等待，邂逅是不會來的。話雖如此，也並非你走出門去找尋，就會如願發生邂逅。邂逅有時也會從天而降，有時也會因為意想不到的偶遇，而得到好處。因此，你何不這樣定義呢？邂逅是某種龐大力量所「擬定」的計畫。假如真是如此，你要如何接觸到那股「龐大力量」呢？至少當中應該沒有傲慢與怠惰所能存在的空間。

——山下英子

047

「人在一生，一定會遇到
　註定遇見的人，而且是
　在不早也不晚的時候。」

相信有不少人都聽過森信三*這句關於希望的名言。但是或許很少人知道這句話的對句是「緣份必須追求才存在。內心若無追求緣份的想法，即使緣份來到面前，也不知道如何運用」。日常裡，我們有許多邂逅，但是，如果忽視自己想要的事物，而疏於準備的話，只會錯過難得的緣份。珍貴的機會，往往就在我們「身上」。

——山下英子

正如「當學生準備好，老師就會出現」所云，深入研究、深思熟慮之後，強烈的「思考磁力」就會往四周發送；如果能夠建立牢固的磁場，就會引來有共鳴的人事物，而驅趕不必要的人事物。加深自己的研究，才能夠提高邂逅的品質。我希望各位記住，內在的磁力會湧出於外。

——自凝心平

注解：「森信三」1896～1992年，日本哲學家、教育家。

輯六

意識・創造

048

從無意識到美學意識。

我們都是以「差不多」、「總之先這樣」、「全都這樣處理就好」的態度取用、收納物品，因此，呈現出來的是未經過篩選、沒有重點、一切都被埋沒的模糊世界。這正是無意識、不自覺的成果。放開多餘的事物吧，再刪除一些多餘的事物吧。持續這麼做，就能夠培養你的美學意識。

——山下英子

意識是近代出現的心靈概念。「無意識」當中有自覺的領域，稱為「意識」，心則處於意識與無意識的兩相對立。但事實上，無意識與意識是連接在一塊兒的，從無意識的大海中抽出的優質層就是「意識」。而這個意識層進一步純化之後，就成為「美學意識」。你在日常生活中的意識狀態成就你的美學意識，留在你重要的人的記憶裡。

——自凝心平

049

我的人生「我」創造。

好運與壞運的機制確實存在，但四周環境、周遭其他人的影響也不容小覷。人生，仍舊是自己的選擇與決定的結果，而你現在所在的空間與狀態也是你一路取捨的結果。如何取捨你周遭的事物、把它們吸引到你身邊？關鍵在於你。能夠意識到這一點，你的人生將徹頭徹尾成為自己的。

——山下英子

因為你的錯，害我很煩躁；因為你的錯，害我很沮喪；因為你的錯，害我感到不安——社會中充滿了這類情感，我們在許多場合也總是不自覺想要怪罪別人。儘管如此，不管怎麼說，自己的情感還是自己造成的，不是外在因素的影響，也不是社會的影響，更不是身旁哪個人的影響。自己的情感自己接納；只要有這種覺悟，人生就會是你的。

——自凝心平

050

「你」創造世界。

我們最終還是無法掌握世界上所發生的所有事情。每個人只是以「我的濾鏡」擷取出這個世界的一部分。如果你看到的只有不安，人生就會變得不安。相反地，如果你無論任何情況都看到幸福的話，總和起來，你就能夠創造出幸福的人生。你的人生猶如你所看到的事物剖面串流構成的連續照片。透過瞬間的選擇，你將創造出屬於自己的人生。

——自凝心平

我們只是把自己居住的世界看成自己想看到的樣子。換句話說，如果你想看到自己想看到的樣子，就必須盡可能檢驗自己在「別人眼中」是什麼樣子，並透過這種方式來解開自己的誤會與單方面的想法。這麼一來，或許你無論走到哪兒都在重複做著同樣的事，但可以確定的是，你看事物的角度，將在這個過程中逐漸改變。

——山下英子

051

我們住在「意識」裡，
是意識的「居民」。

「意識」並非存在於我們的心中，而是我們住在「意識」裡。因此，我們很自然地經常遇到住在同樣意識裡的人們。只要搬家，就能夠增加與新鄰居接觸的機會。相同階層的居民，彼此靠著意識相連、邂逅，進而讓邂逅成為招來好運的契機。正因為如此，我們必須隨時提高、拓展意識，讓意識透明。

——山下英子

我們每個人都透過擷取地球上正在發生的所有事情中的極小部份，藉此認識這個世界。從這個角度來說，我們確實活在自己的意識裡，而世界則構築在我們的認知與理解之中。認知與理解的深度，也是建立人際關係的指標。你選擇與什麼樣的人來往，是構成你的世界的關鍵性要素。

——自凝心平

052

原因在於缺乏自覺。

物品在不知不覺間增加、大量滿溢堆積。我們置身在過多的物品裡，連真正需要的東西少了都沒發現。不只是在物質上，在資訊與人際關係也是如此。這就是你始終缺乏自覺的證明。過多的物品與資訊終將導致溝通不足，原因在於我們不懂得如何應付過剩。

——山下英子

心臟每日跳動八～十萬次，呼吸的次數是每日兩萬～兩萬五千次，思考的次數是每日五萬～八萬次。然而，我們甚至沒有察覺自己在思考。身體與心靈的自動導航功能相當輕鬆便利，無意識的行為是為了安全起見，因此，我們複製昨天的方式而打造了今天，缺少冒險。無意識的做法很安全卻也老套。與昨天不同的冒險，只能靠你的意識創造。

——自凝心平

053

盡力思考。

我們不去思考必須思考的事情，反而思考就算不思考也無所謂的事情。例如：反覆回想已經完成的事，反覆回想尚未發生、想了也沒用的事。我們也擅長停止思考，沒有徹底思考，就用簡單的話語阻止、停止思考。為什麼自己會抓住這個詞？放掉這個詞之後，接下來出現的是哪個詞？是的，我們需要促進詞彙與思考的新陳代謝。

——山下英子

談到呼吸法，有一種方式是把氣徹底吐完之後，再吐出一口氣；也就是在原本以為已經走到極限之後，還可以再向前一步。這一步能夠拓展你的心胸，成為你下次挑戰時的成長空間。思考也一樣，想著想著，覺得沒有更好想法的那一瞬間，就是有還可以再往前思考一步的絕佳機會。而這便是活化大腦的方法。

——自凝心平

054

我們可以成為任何人。

任誰都希望別人認為自己是「獨特的」，我們也希望自己是「獨特的」，「希望其他人都無法取代自己」的想法是與生俱來的欲望。但也要留意別過度看重自己，否則你將會把自己的痛苦散播給周遭其他人。不過，你或許已經是一號人物，是的，在你誕生時，已經是獨一無二的存在了。因此，你應該做的是徹底活出自我。

——山下英子

我們的身體是由一顆細胞反覆進行細胞分裂後所構成的。某些細胞變成消化器官，某些細胞變成泌尿器官，還有某些細胞則是腳的支撐組織，各司其職。這個情況在生物學上稱為「分化（Differentiation）」。與細胞決定變成某個器官一樣，「你就是你」這個決定將把你推上適合的人生舞台。那裡準備了適合你的邂逅，安排了適合你活躍的機會。「決定」存在著證明你就是獨一無二的力量。

——自凝心平

055

欲望是生命的原動力。

欲望是能量，欲望是引擎。是的，我們每天不停燃燒著欲望，在人生道路上往前邁進。因此，不必沒來由地嫌棄或否定欲望。不過，可以確定的是，能量過多時很難掌握，引擎過大時很難發揮作用。不管是駕駛大型砂石車或F1賽車奔馳，都少不了相當的技術與熟練程度。我們必須要有這樣的覺悟與勇氣。

——山下英子

如果依別人所說的，捨棄了欲望，生命將無法好好發揮作用；如果照別人所說的，讓壓力徹底消失，處於完全無壓力的狀態，生命將變得軟弱無力。合氣道獲勝的祕訣，在於反過來利用，而非壓制對手的力量。欲望與壓力也不應該被否定，懂得面對，它們將成為讓你人生更美好的夥伴。找出與欲望、壓力共處的方法，正是人生最有趣的地方。

——自凝心平

056

我們不在同一個地方。

地球看起來像是面對太陽的公轉面，持續不斷在同一軌道繞行；事實並非如此，地球其實是以螺旋狀繞著太陽。我們的每顆細胞裡的DNA也是螺旋狀，一般認為佔人體60～70％的水分子也是以螺旋狀包覆物質，宇宙、生命、時間也是螺旋狀。萬物都在螺旋狀的流動中成立。

——自凝心平

假如你以為自己老是待在同一個地方，我只能說很遺憾，是你誤會了。因為我們所在的場所、空間被時間這個更大的空間包覆且搬運著。時間時時刻刻在移動改變。如果你沒有注意到時間的移動，最終將會被遺留在不知名的地方，簡直像是遭人軟禁，只能一直看著相同的景色活著。

——山下英子

057

身體只能由自己主導。

身體每天進行新陳代謝。蛋白質等級的代謝，只要三個月就會全面更新完畢；脂肪細胞的中性脂肪，也是每天更新。是的，我們每天都在製造新的身體。你的健康狀態，反應了每天的心理狀態。健康不是持之以恆，而是每天都在創新。

——自凝心平

我們的身體具備這樣的機制——你想到誰、不斷想著某個人的事時，全都會當成自己的事情而做出反應，例如：說壞話或是被稱讚。這是理所當然的。你看到有人身陷悲慘事件裡，會不自覺流淚吧；你看到有人遇上好事，也會忍不住露出笑容。

——山下英子

o58

「距離」的構造。

回顧人類史，有種說法認為隨著人類聚落規模逐漸擴大，是「忍耐」促成了人類的「社會化」。有人說，人類是「忍耐的猴子」，不過，與此同時出現的，卻是人與人之間如何保持「距離」的方法。「距離」正是群體行動的宿命，「距離」也促使人腦大幅發展。

——自凝心平

「距離」也可說是關聯。是的，類似「間隔」的概念。打造更有效的人際關係，必須在對的時間點、對的場合，瞬間推測出時間的間隔（時機）、空間的間隔（距離）。估算錯誤的話，人際關係就會出現裂痕，或者有可能輕易決裂。保持適當距離、維持適度的間隔，在各種場合讓「距離」發揮作用，你就能駕馭人生。

——山下英子

059

沒時間。
沒錢。
沒自信。

恐怕沒有人有充裕的時間、經濟能力闊綽，同時
又充滿自信吧。擁有這三項的人，要不就是十分
受到老天爺的疼愛，要不就是自己誤會了。我們
在各自的舞台上，都會因為這三者的其中一種不
足而痛苦掙扎，只是每個人的反應大不相同。
你要把這個當作藉口逃避、不行動？還是接受現
實，起身行動？你選擇怎麼做呢？

——山下英子

有些人成天自信破表地喊著：「我沒自信、我沒
自信。」而那些說「我沒時間」、「我沒錢」的
人，也不曉得為什麼能說得如此坦蕩蕩。「我沒
○○」這句話背後隱藏的真心話是：「我受不了
別人的批評，無法回應你和社會的期待。」思考
話語的真正含意，找出當中束縛你的咒語，心才
能夠獲得自由。

——自凝心平

060

衰老不只是因為
時間「久了」。

日子過得很充實，就會覺得時間短暫；日子過得很無趣，就會覺得時間漫長。時間並非單純且固定地流逝，而是依照我們過生活的方式顯得或短或長。換句話說，「老」是我們如何過日子得到的結果；也就是說，「老」受到你的生活習慣、思考習慣的影響而改變。因此，「老」並非是年齡造成。

——山下英子

有個詞叫做「熵（Entropy）」，簡言之，就是指有秩序的事物逐漸瓦解（失序）的狀態。皮膚鬆弛、內臟下垂、骨質疏鬆等也是因為「熵」擴大所導致。唯有人類的「意識」有能力阻止熵的擴大。有創意地度過時間，就能夠阻止「老化」這個熵，而且人人都有這個機會。

——自凝心平

O 6 1

今天比昨天稍微冒險一點。

腦如果沒有意識的話，就會用昨天的方式度過今天。相反地，腦一旦混亂的話，就會想要追求秩序、連結過去不曾使用的迴路，這種時候才會靈光乍現、發現新點子。讓腦適度混亂的祕訣，就是不時地問自己問題。問自己問題，就是誘使今天成為全新冒險的大門。

——自凝心平

今天與昨天一樣的話，太無聊，雖然保持一樣，的確不會遇到什麼麻煩；今天的自己與昨天一樣的話，太無趣，雖然保持一樣，的確不會做出沒必要的事情。是的，膽小能夠保護自己遠離麻煩與多管閒事，但這麼一來，你只會逐漸喪志。挑戰不曾做過的事吧，這小小的冒險能夠為你帶來雀躍與笑容。

——山下英子

062

俯瞰力。

俯瞰力，就是從高處看遍整體的能力。我們經常不自覺地從近距離的角度觀看事物，判斷優劣、對錯、善惡。但是，如果拉高觀看位置的話，你將會發現當中的二分法對立不具意義。原因在於，乍看之下完全相反的事物，若提高抽象層次的話，事實上，是屬於同一邊的。舉例來說，夫妻之間的對立，事實上是因爲雙方都亟欲獲得對方理解、同樣害怕寂寞所致。

——山下英子

雙眼若只盯著問題中心的話，你只會想在那個範圍之內解決問題，所以能想到的解決方式很少。這種時候，如果把看事情的位置一舉拉高，改用俯瞰方式擴大視野的話，你將會發現「這裡有解決方法、那裡也有解決方法」，就能夠找到自己在那種場合應該如何行動的提示。

——自凝心平

063

「客觀」與「俯瞰」不同。

光是看著京都龍安寺的石庭照片，也能夠感受其風情，但還是比不上實際造訪時體驗的眞正氣氛。透過照片、電視、電腦螢幕客觀看到的美，與肉眼看到的美，兩者的差異在於「場」的作用。客體與主體合一所感受到的風景，稱爲主客非分離。讓自己成爲該風景的一份子，在風景之中感受風景，這種力量可稱爲俯瞰力。

——自凝心平

客觀是冰冷，俯瞰是溫暖——聽到我這麼說，你很驚訝吧。客觀是「與我無關」，是站在毫無關係的位置用置身事外的角度看待事物；而俯瞰是以當事人的立場往下看，也能夠看到當事人自己的樣子，有當事人的視角，也有另一個看著一切的自己的視角。換句話說，有兩個視角能夠將你的理解與接納程度變成至少兩倍。

——山下英子

輯七

身心・身

064

迷惘時，聽聽身體的回應。

地球的歷史有四十六億年，生物的歷史則有三十八億年，耗費三十八億年累積形成的生命系統沒有錯誤。身體雖然沒有錯誤，但我們的生活方式則會出錯。一旦感覺哪裡不對勁時，請側耳傾聽你身體發出的聲音。一生陪伴你到最後的，就是你的身體。身體是你最好的指導者。

——自凝心平

身體不說謊，身體不會說謊，身體使用情緒代替話語與我們溝通。身體很誠實，身體很老實，因此，會代替我們表現出試圖隱藏的心情。更重要的是，身體無論何時何地都是你的最佳戰友。既然如此，迷惘時，悄悄問問自己的身體吧。胸悶消失、感覺平靜下來時，答案就是YES。這種感覺你一定知道。

——山下英子

o65

沒有什麼療法
勝過日常生活。

生病的原因、問題發生的原因、煩惱的原因，總是在日常生活裡。我們不自覺就會往非日常裡尋找解答，但所有解答永遠藏在日常裡。習慣的改善、生活的改善、日常的整理收納，其實就是最有效、也是最根本的療法，遠比從外部施行的任何療法、治療、指導更強而有力。

——自凝心平

這麼想吧——你的藥局是廚房，食物就是良藥；你的醫院是寢室，病床就是寢具。這麼一來，你就是最了解自己日常生活、能夠放心依賴的主治醫生，也是出色的藥劑師。如果你每天悉心照顧自己，那麼，你也是自己的貼身護理師。再沒有哪個醫療現場能有這麼完美的醫療團隊了。

——山下英子

066

身體出現的症狀皆有意義。

自然法則的原理之一，就是「能量保存法則」。某個部份的能量增加的話，其他部份就會減少等量的能量。也就是說，能量的總和是不會改變的（能量守恆定律）。假如這項定律也適用於人體的話，疾病或症狀的能量，也一定是為了轉換成其他什麼東西而產生。想想那可能會是什麼？想想你其實想把那些能量用在哪裡？

——自凝心平

疾病的症狀幾乎只有難受，因此，你努力想要抑制症狀、想要症狀消失。但是，這些症狀大致上是想要燃燒累積在體內的多餘物質、想要去除堵塞；想試圖將不必要的物質排出體外的作用伴隨著疼痛。如果真是這樣，我們必須檢視自己，留意別讓不必要的東西，在體內累積到會痛的地步。

——山下英子

067

「三小時治好感冒。」

很久以前，中醫師告訴我：「感冒只需三個小時就能夠痊癒。」他的意思是，要掌握感冒初期的前期症狀，盡早養生。也就是說，要在感冒發病之前，敏銳地察覺自己身體的變化。感冒是讓身體柔軟的自然淨化作用。現代生活在各方面都容易堆積過多的資訊與物質，在這種環境下，讓身體感冒，排出累積在體內的毒素，也是一種健康方式；但症狀必須盡量輕微才正確。

——自凝心平

野口復健科診所創辦人野口晴哉（1911～1976年）在著作《感冒的妙用》中，主張要讓感冒通過身體，不可以企圖抑制症狀，這樣才能夠治癒感冒。原因在於，感冒通過的過程，能夠修正身體的不正，換言之，感冒是找回身體原本自然狀態的機制。如果是這樣，完全不感冒的話，這項機制就無法發揮作用了。

——山下英子

068

細胞也在篩選抉擇。

你現在的身體是你抉擇的結果，是經由你每天選擇「吃什麼」的「飲食」內容與質量所導出的結果；你現在的想法是你抉擇的結果，是根據你每天選擇吸收的「資訊」內容與質量所得到的結果。也就是說，你現在的人生為什麼會是這個樣子，是你過去不斷抉擇所獲得的結果。既然如此，必須由自己來選擇，這樣才是對自己的人生負責。

——山下英子

多虧有iPS細胞（誘導性多功能幹細胞），人類幹細胞的無限可能才得以廣為人知。一個個的細胞內含無數的選項，為了讓可能性實現，細胞也被迫要做出「抉擇」。在眾多器官之中，肝臟細胞選擇成為肝臟，也因為這項抉擇，肝臟得以存在。我們的每天也一樣，今天的可能性是透過你的選擇與決定才能夠成真。

——自凝心平

069

我們只能活在 0.1 秒後的世界。

視網膜連結影像、傳到腦後方的視丘處理視覺資訊，這個程序必須花上0.1秒時間。也就是說，我們對於現實世界發生的現象，總是晚0.1秒才會辨識出來。在這個時間差裡，人腦會對照過去看過的影像資料庫，定義現在眼前存在的東西或現象。因此，若過度依賴視覺的話，我們將永遠無法即時認識這個世界。

——自凝心平

我們會在這個0.1秒的空檔帶入個人看法。我們對於大部分的事物，都是以自己想看的方式去觀看，但是「想看的方式」不一定正面，有些人有時也會採取負面看法。這麼想來，樂觀主義者與悲觀主義者可說是同樣照著自己的方式活著。

——山下英子

070

我們的呼吸創造大氣。

呼吸這舉動是與大氣交換資訊。所有生物均是靠
呼氣把自己體內的資訊還原至大氣裡，製造地
球的空氣。所謂的大氣，就是「無意識的集合
體」，充滿了地球上所有生命的資訊。透過吸
氣，我們從大量資訊中篩選出自己目前需要的資
訊，並接受之。吐氣是與所有生物連結，吸氣則
是劃分自我領域。呼吸的作用便是用來建立充滿
生命力的「關係」。

——自凝心平

我們與呼吸共存，吸氣與吐氣延續我們的生命，
並使我們壯大。吸氣是給予我們擁有生命的訊
息；吐氣是給予四周所有生命的訊息。交織出我
們人生的呼吸，是難以計數的生命交換。既然如
此，大氣之中也充滿了你與我的祈禱、願望與希
望吧。

——山下英子

071

「嘆氣」使生命枯竭。

假如有人在你身旁嘆氣，你是什麼感受？更別提那個人可能是你重要的伴侶。嘆氣令人如坐針氈。嘆氣充滿擔心、不安、焦急與不耐。是的，嘆氣是招來不幸的預兆。正因爲如此，你在每日的生活中、在家裡，都應該避免嘆氣。

——山下英子

嘆氣是嘆出「累積的氣」，也就是沈澱的氣。嘆氣之前，猶豫不決、迷惘、忍耐、不滿與放棄，在一瞬間都累積在呼吸裡。流動的呼吸是活力的證明；吐氣與吸氣流暢交替，是身體自然活動的證據。凡事累積與停滯都不是好事。房間的物品亦是，嘆氣亦是。

——自凝心平

072

心跳創造時間，
呼吸創造空間。

你的心跳不停歇地律動，打造出你的節奏。地球上所有生命的節奏響起，為地球創造出「時間」。請試著想像你的呼吸融入空氣中的樣子。你的吐氣創造出地球的大氣，這塊土地上的所有生命互相吐出各自體內的小宇宙，進而創造這個地球空間。我們利用呼吸與心跳，打造時間與空間，也就是「時空」這個座標軸。

——自凝心平

抓住時間的是心跳，它不斷催促著你動作快，同時又讓你冷靜下來。掌握空間的是氣息，它讓你感到呼吸困難，又為你帶來悠然放鬆。自己的心跳、自己的呼吸，如果能夠無時無刻配合意識檢視這兩者的話，你永遠都是時間的霸者、空間的主宰。

——山下英子

073

「多謝招待」與「我開動了」。

「我開動了」是對其他動植物犧牲生命以表達感謝。然而,在加工盛行、食物外觀大幅改變的現在,事實上,那些生命氣息已經從餐桌上消失,沒有人能夠從包裝袋裡的食品感受到生命的氣息。因此,「我開動了」成了一句沒有意義的話,「多謝招待」也是一樣。想要讓過剩與浪費的飲食文化恢復健全,十分困難。

——山下英子

日文中的「多謝招待」原意是「忙碌的樣子」,形容主人為了款待客人花時間火速來回奔走準備。「我開動了」原本的意思是「我恭敬地收下了」,這是對生物犧牲性命而成為料理材料讓我們享用的感謝,也是對準備食物款待我們的人表達謝意。唯有感謝的心意,才能夠讓消化更順暢。

——自凝心平

074

文明病，就是生活過剩病。

仔細想想，大多數文明病都是「過剩」造成。吃太多、酒喝太多、過度吸氣（吸氣太多會造成呼吸淺，讓身體感到緊張），以及過多的資訊（會造成心理壓力）。一如「癌」這個字，疒字邊加上堆積如山的物品。「過剩」就是最具代表性的原因。多數文明病與身體不適的背後，不單純只是身體有狀況，你需要簡化整體的生活方式。

——自凝心平

不用說，我們住的地方，是的，就是空間，也罹患了「生活過剩病」。住家生病的症狀是「無論如何都收拾不完」。物品從收納空間滿溢出來的症狀還算輕微；症狀愈來愈嚴重時，不僅物品收拾不完，還會堆積如山。根本原因在於，不必要的物品太多，導致現在的自己無法正常生活。排泄、捨棄那些過剩，「空間的疾病」才能夠治癒。

——山下英子

075

文明病，就是生活不自覺病。

據說人體超過90％是在「無意識」的狀態下活動。這來自於個人身體的歷史，身體深刻記住了父母親的經驗、祖先傳承的經驗、人類共通的經驗。生物學稱之為DNA。身體跟隨記憶的寶庫，而有了無意識的欲望行動；換句話說，身上出現的個人習慣，展現的是那個人的無意識狀態。平常沒有意識到的動作或習慣，能夠看出一個人的「無意識狀態」，也能夠看出生病的真正原因。

——自凝心平

生活空間裡的多餘物品儘管是多餘的，我們卻沒有意識到這點。沒有考慮過是否有必要留下，也不問持續持有的意義。我們的生活空間因為那些在無意識之下，不自覺累積的物品而逐漸混亂停滯。這可說是「生活無意識病」最具代表性的症狀。也就是說，我們讓身體與居住環境都生病了。

——山下英子

076

文明病，就是溝通錯誤病。

當你認為四散的物品很礙事，證明你與該物品的關係出錯了；原因在於，物品原本應該是為了幫助你而來。如果你對於收拾不完的居住環境感到不耐煩，證明你與住處的關係破裂；原因在於，住處應該是為了帶給你健康與安全而存在。這些物品與住家發生溝通錯誤的原因，不用說，就是你在無意間過度堆積物品所致。

——山下英子

對於現代人來說，擅長溝通與否幾乎已經影響到健康。上醫院時，能否將自己的症狀正確地告訴醫生？在公司感受到壓力時，能否好好告訴其他同事或上司？若想提高溝通品質，就必須整理人際關係，以對自己有益的關係為優先。如此一來，就能夠將錯誤減到最少。

——自凝心平

077

五臟的疲勞導致人性的遲鈍。

肝臟、心臟、脾臟、肺臟、腎臟，稱爲五臟。五臟健康，人就不會生大病。五臟緩緩老化的話，人就不會生病，能夠健康地自然衰老。五臟的疲勞造成日常生活的疼痛與疲勞。疼痛與疲勞導致我們的感性遲鈍，磨耗我們的感覺器官，最後奪走蓬勃生氣。

——自凝心平

鈍感，是指你的思考停止、感覺變得麻痺、感性變得遲鈍的狀態，這種情況會更加導致鈍感。但是，這種鈍感或許能夠保護你遠離過度的刺激。是的，當你暴露在物質、資訊、人際關係、一切的一切都過剩的環境中，鈍感能夠保護疲勞的你。但這種鈍感如果過度的話，健康就會變得脆弱，人際關係就會破損，你將會遠離幸福。

——山下英子

078

很多人想要改變自己，
事實上，改變每天都在發生。

萬物在身體內外流轉，一切均不停變動。體內發生的情況稱爲「新陳代謝」，體外的變化則稱爲「諸行無常」。老是嚷著要改變自己的人，事實上，反而多半無法跟上世界的腳步。改變才是眞理。別想著「我必須改變」，請想想自己是爲了什麼而停止改變了。

——自凝心不

我們憧憬大幅度改變，追求戲劇性的變化，但我們此刻也處於一連串的小異動之中。同理，我們討厭大幅度改變，害怕戲劇性變化，卻也身處於一連串的小異動之中。假如你希望改變自我，就必須注意到已經存在的改變；假如你無法接受自己的改變，也必須做好戰戰兢兢迎風而立的心理準備。

——山下英子

079

消化是融合，
是理解，是原諒。

我們身體的消化器官每天分泌溶解食物的消化液，一天分泌的總量是唾液、胃液、膽汁、胰液、腸液等的總和，居然有七～八公升。如果少了這些消化液，無論吃下再好的食物也無法溶解，也無法吸收。「吃」這件事，代表著溶解、融合、融洽、順水流。假如你帶著不饒恕、不融洽的心情吃飯的話，就會反映在身體上，造成腸子不容易分解食物，導致消化吸收遲滯。

——自凝心平

再大的物體只要溶化就會變軟。固執固然難以理解，但只要解開心結、放軟態度，應該不難理解。理解愈深，愈容易接受，當然也容易原諒。既然身體每天不停地反覆進行這些過程，你的心也一定能夠辦得到。因此，仔細咀嚼你的人際關係並接納有緣人，或許也是一種樂趣。

——山下英子

輯八

相似現象

注解：相似現象屬於密宗科學，透過觀測風景，找尋關係相似之人事物，主張
萬物皆為相同構造。

080

把日常視為自己。

每天的生活過得理所當然，偶而在你眼裡看來無趣。但也因為理所當然的事情，理所當然地存在，我們的生活、我們的人生方能成立。這點你應該也不會否認。所謂的日常，以房子為例的話，就是地基。地基看不見，有時被白蟻蛀蝕了也沒發現，因此，我們必須時時反省日常生活。

——山下英子

人人都想遠離日常。然而，旅行、冒險、精神方面的挑戰，也都是因為你擁有日常這個可以回去的場所才得以成立。請別忘了這一點。你的身體、心靈、談吐、人際關係、生活、住家、家人、工作……是日常生活打造了你的一切。你當然也會有想要重新審視的時候，在此之前，先認清日常生活等於你自身吧。

——自凝心平

081

傾聽生命。

你曾經吃過的東西，看過、聽過、想像過、說過、聽人提起才感覺到的事，與許多人的相遇及分離……再加上你父母親的經驗、祖父母的經驗、祖先與先人們累積下來的諸多經驗，交織而成你的生命。我們在誕生那一刻，得到了「生命」這個龐大的經驗寶庫。把手輕輕放在胸口，傾聽生命怎麼說吧，你一定能夠從中發現自我。

——自凝心平

危險的時候、困難的時候，你更希望坦然面對自己。必須做出重大決定的時候，你必須對自己誠實。但是，想要坦然、誠實很困難，因為我們一不小心就會以社會責任為優先，而且不自覺就這麼做了。「傾聽生命」是指無論如何都要尊重自己的生命、以生命為第一優先。因此，我希望各位至少記住，抉擇時，要以自己生命的聲音為判斷標準。無法做到的話，你也無法盡到對社會的責任。

——山下英子

082

忍耐只是偷懶。

抉擇時，你偶而會冒出「只要我忍耐就沒事了……」的想法，但這種想法其實是害怕行動的藉口。你誤以為忍耐是美德，然後陶醉在自己的忍耐行為裡。真正的忍耐是在解決問題的過程裡，持續著不起眼的行動與動作，投入時間解決問題。待著不動，把自己當成被害人，任由時光流逝，只能稱為偷懶。

——山下英子

佛教主張的煩惱之中，慢、過慢、慢過慢、我慢、增上慢、卑慢、邪慢稱為「七慢*」。與他人比較之後，產生輕蔑他人的自恃之心，稱為「慢」，亦即輕蔑、自負之意，這也被認為是最基本的煩惱。從「與他人相比產生自恃之心」的角度來說，自慢與我慢沒有不同。假如表現在外的稱為自慢，隱藏在內的稱為我慢，你就明白這兩者意義是相同了吧。

——自凝心平

注解：請參考 P.212

o83

局部即全體*。

「身心一如」、「物心一如」、「物我一體」、「相即相入*」——「有形物」與「無形物」為一體的世界觀，或許是來自宇宙的訊息。如同「局部即全體」所云，投映在眼前的物質世界，展現的是你拓展數個層次的意識全貌。傳達到宇宙的意識，也展現在你極小部份的物品上。正因為如此，才需要從看得見的東西與空間開始動手整理。

——山下英子

「全體包含了局部」的想法，也常見於東方醫學觀察身體的方法之中；手相亦然，腳底穴道亦然，耳朵穴道亦然。從肚臍四周的肌肉分佈，可看出全身的狀況；捏著手腕把脈的方法，可知道全身的氣流與血流。只要專注在局部，就能夠得知全貌。十九世紀德國藝術建築師之間流行一句話：「神就在細節裡。」小地方不敷衍的生活方式，才能夠美化整個人生。

——自凝心平

注解：請參考 P.212

084

身體走在心的前面。

人腦是以全身的神經系統網絡來執行「記憶」這個行為，但是末端撿到的資訊要送到人腦中樞會產生些許的時間差。儘管差異微乎其微，人腦仍然有無法即時「辨識」現實的限制。另一方面，我們透過身體即時接觸世界，而身體的反應多半會形成內心隱約的感覺。誠實面對身體，你的心就不會撒謊。

——自凝心平

身體無論如何都很誠實。你拚命想要隱藏的事情，也會因動作或舉止而顯現在外；你藏在內心深處的想法，也會表現在你的表情上。不過，令人驚訝的是，身體的對應很快。它能夠快速察覺到你自身尚未留意的心靈「沈澱物」，並試著告訴你；有時是猶如食物難以下嚥的微弱感覺，有時則是難以抑制的明顯疼痛。

——山下英子

085

排水口法則。

我們活在流動之中，一切生活都在流入、流出的時間裡。因此，流動不可停滯。假如流動堵塞的話，就會淤水。只要去除堵塞，流動就會恢復，必然也會有什麼東西流入，如新的體驗。所以無須努力吸引，只要隨時去除「堵塞」就好。

——山下英子

如果將雲朵流動的連續照片串連成高速影片的話，雲朵緩慢飄動，看來就像瀑布水流。一切都是流動的，所有的形狀都在改變之中。「因果」是如此，「吸引力」亦是如此。這些都只是某個時間軸上擷取出來的一小部份，全是一時的東西。如何在過程而非結果之中，捕捉那個流動、接納後再放手，這就是排水口法則。

——自凝心平

086

出入口法則。

你可曾想過「入口」與「出口」哪個比較重要？老是只留意入口，只熱衷於收「入」，忽略付「出」，而且還讓出口堵塞。必須用心的是出口的重要性；原因就在於，沒有什麼比隧道沒有出口更不幸了。無論人生隧道有多艱辛，有出口就有希望，就能促使我們前進。

——山下英子

我們對於健康有疑慮時，總會想著往身體裡塞「入」藥品、健康食品、補充食品等，文明病多半都是吃多、喝多的過剩病所導致。因此，最合理的做法應該是思考如何排「出」。如果像日本江戶時代那樣，用人類的排泄物當作肥料（如果自身排出的東西能夠創造價值），人們就會一鼓作氣地把注意力轉向「出」的方向，為了創造更優質的糞便而選擇優質飲食，於是有了更健全的「出入」觀念。

——自凝心平

O87

重要的事情不超過三項。

據說，有非洲部落數數兒的方式是「一、二、三、很多」。意思是「我」表示第一人稱，「你」是第二人稱，「他」是第三人稱，第四個人（含）以上的都一樣。這樣的劃分很簡單，第四個之後的確會分散注意力，但只有兩個又太集中。養成凡事分類為三項的習慣，世界應該會變得更清楚。

——自凝心平

遇到必須抉擇時、聚焦鎖定目標時，或是排定優先順序時，記住「三」這個數字就沒問題了。假如是「四」的話，感覺不夠精簡、思考不足；假如是「二」的話，兩相對立就會留下遺珠之憾，也讓人感覺不足。充分思考之後，你應該會發現「三」是最讓人安心的數量。

——山下英子

088

陽的直覺，陰的直覺。

直覺分為兩種，靈光乍現與不對勁的感覺。靈光乍現代表「GO」，不對勁的感覺代表「STOP」。要進還是要退，全靠直覺告訴我們。靈光乍現很搶眼，不對勁的感覺是微乎其微的訊息。我們追求靈光乍現，如果不放過並追隨微小的不對勁，就能夠大幅提昇直覺的敏感度。如此一來，人生路上將隨時都有靈光乍現的可能。

——山下英子

降臨在腦子裡的直覺，以及從心底湧現的直覺，兩種若能達到平衡，我們就成為感性豐富的人類。思考與情感、理性與感性。訓練理性的直覺，與訓練感性的直覺。以感性抗拒思考的主導，以理性整合感性的主導。當這兩種直覺融合之時，我們就能夠成為自在設計人生的藝術家了。

——自凝心平

089

因果論與共時論。

「事出必有因」這種結合原因與後果的思考方式，稱為「因果論」。另一方面，也有一種看法是不拘泥原因與結果的，稱為「共時論」。「共時論」認為凡事都存在複雜的關聯性，無法一對一解讀。共時論的觀點認為，自己此刻的心靈與態度影響著未來，也影響著過去。聚焦自己此刻活在這裡的「心」，就能夠切斷眼前事物與過去亡魂的關聯，不受過去牽絆，未來才會自由。

——自凝心平

我們無法否認現在眼前的結果存在著原因，但是導致這種結果的過程，絕對不是一直線，而是有上千上萬條線，多如繁星。因此，如果你回溯到不同時間、不同地點的原因，得到的內容、程度與解釋也會不同，這點毋庸置疑。而你眼前的結果，或許也只是未來掌握到的結果途中路過的一站。

——山下英子

090

人類是地球與
宇宙之間的導體。

東方思想的「天地人」，認爲連結「天」與「地」的是「人」。動物有四肢，因此受到「地」的束縛。然而，動物與人類最大的不同，在於人類以雙腳走路、人類以雙腳站立，因而形成下半身是「地＝地球」，上半身是「天＝宇宙」的天線。人類盡了身爲人的本分，促使地球與宇宙的意識交流，扮演避免地球在宇宙中被孤立的角色。

——自凝心平

仰望天空，耕耘大地，在大海上觀星航行，與太陽一同醒來，與明月一起入睡——這是人類原本的生活。土地上的作物接受來自天空的恩惠，變成糧食；身體吸收了許多天空的能量，將這些能量灌注腳下的大地——這是人類原本維生的方式。接收宇宙訊息之後傳給地球，在地球大氣的環繞下，想像遠方的宇宙。是的，我們人類的存在，就是爲了連接宇宙與地球。

——山下英子

日文的「自慢」是「自負」的意思，「我慢」是「忍耐」的意思。

《大毗婆沙論》卷四十三、《俱舍論》卷十九列舉的「七慢」如下：

- 慢：對劣於自己之人，認為自己較殊勝；而對與自己同等之人，謂與自己同等而心起驕傲。
- 過慢：對與自己同等之人，硬說自己勝過對方；對勝過自己之人，亦偏說對方與自己同等。
- 慢過慢：對勝過自己之人，起相反之看法，認為自己勝過對方。
- 我慢：乃七慢之根本慢。盡天下只有我一人，任天下人，無一如我。
- 增上慢：於尚未證得之果位或殊勝之德，自認為已經證得。
- 卑慢：對於極優越之人，卻認為自己僅稍劣於其人；或雖已完全承認他人之高勝，而己實卑劣，然絕不肯虛心向其人學習。
- 邪慢：無德而自認為有德。

P.191注解：

- 東方醫學人體觀認為「全體即局部，局部即全體」。意思是從臉或手指或腳底穴道均可綜觀全身狀況。
- 「相即相入」，中國佛教嚴宗基本主張之一，認為一切現象同體且相互包含。

輯九

變化

091

「厭倦」是生命給你的訊息。

我們對於使用相同物品、重覆相同事情、過著同樣生活的自己也會感到厭倦。事實上，這種厭倦感很重要，因為這是提醒你擺脫「停滯」的聲音。人生的變化與發展，就從接收生命的「厭倦」訊息開始。

——山下英子

一方面想要安定，另一方面又追求變化與刺激，人類無法只活在安定中。話雖如此，身體也跟不上充滿急遽變化的生活。請想像自己位在「變化」這個樓梯的「樓梯平台」上，樓梯平台是前往下一個新階段的必要場所，但如果你打著休息之名，賴在樓梯平台上不動的話，你的心會催促你，這就是稱為「厭倦」的心理狀態。

——自凝心平

092

接受變化，享受變化。

如同季節更迭，如同天候日日改變，我們的人生也伴隨著變化。沒有什麼是不變的，但我們仍然害怕改變，尤其是人際關係。所謂的改變，就是成長的過程，改變是人生軌道的修正。正因為如此才要接受，正因為如此才應該高興。

——山下英子

諸行無常的意思是，一切行為不會永遠一樣。萬物流轉指的是，存在於這個世間的東西沒有一瞬間是靜止的，所有東西都在不停地反覆生成與消滅。世界因變化而成立，構成世界的主要成份就是「變化」。享受變化，也就是讚揚這個世界。

——自凝心平

093

正確會選擇場所，
幸福卻不會。

「正」這個字若上下顛倒的話，會變成讀不出來的字，但「幸」即使上下顛倒，也是讀作幸。亦即「正確」會選擇場所，「幸福」則無論任何狀況都由自己的心決定。正與邪，正確與錯誤，只要兩相對立，就無法獲得幸福。身體對於「正確」不會有反應，對於「幸福」才會。換句話說，比起正確與否，幸福的程度才會影響到健康。

——自凝心平

隨著時間不斷前進，事物的「正確」也跟著改變，場所不同的話，事物的「正確性」也隨之不同，這是很簡單的事實。但如果你對於變化的反應遲鈍，而停留在維持現況的狀態的話，你以為的「正確」將成為你判斷事物的唯一根據。而當你以為的「正確」無法被接受時，將會帶來稱之為「疏遠」的不幸。請記住「正確」與「幸福」未必一致。

——山下英子

094

「即使明天就是世界末日，
　我今天依然會種下蘋果樹。」

這是德國知名宗教改革者馬丁·路德（1483～1546年）留下的話。自己相信的路不是道理，是天命。即使知道明天地球即將毀滅，還是繼續過著日常生活，如果能夠做到這樣，豈不是很幸福嗎？這句話是我過去煩惱時，曾找過的已故心靈導師告訴我的。對我來說，這句話的意義不只是馬丁·路德說過，也是心靈導師的遺訓，後來的我也多次因為這句話而得救。話語有時會成為莫大的原動力。那麼，你的座右銘是什麼呢？

——自凝心平

煩惱明天，後悔昨天，這就是身為人類的我們所無法逃避的天性吧。出生於德國十六世紀的宗教改革者馬丁·路德，對於亂賣贖罪券的行為感到憤怒，因而被教宗逐出教會，他還是以熱情的靈魂呼喊出這句話，也提醒了我們，鼓勵了我們。能夠把自身奉獻給滿腔熱情才是最大的幸福。我也是因為這句話而折服的其中一人。

——山下英子

095

乏味持續的行為才特別。

我們的身體細胞每天都做著不醒目的工作，行動幾乎不起眼，反覆著單調的作業。體內的日常沒有發生什麼特別的大事，也沒有戲劇性或激昂的變化。但是這些反覆作業累積下來，就產生了一天兩萬次的呼吸，一天九萬次的心跳。細胞的行為絕對不花俏卻持續進行著。對於身體來說，每天能夠活著就是奇蹟。

——自凝心平

我們追求特殊，總希望自己的存在很特別，而且想要遠離一連串日常生活的理所當然，認為那些沒什麼了不起。但是，如果那個理所當然突然中斷，我們立刻就會面臨困難，比方說停水，這麼一來，重要的生命線就被切斷。所以別把理所當然視為理所當然，懂得感恩，或許這麼想才是最特別。

——山下英子

096

膽小是人生最嚴重的疾病。

「膽」這個字是月字邊加上「詹」，翻譯為「放置心的位置」。膽小，也就是不曉得自己的心要擺在哪兒，想法舉棋不定。這種時候，你能否帶著自信大膽做出決定呢？「膽小」使你無法決定自己的人生，這或許正是人生中最嚴重的疾病。

——自凝心平

被人笑說沒出息也無妨，被人怒罵狡猾也無所謂，只要這麼做可以保護自己就沒關係。是的，你可以深思熟慮之後，決定採取膽怯的態度。但如果你輕易就把選擇權交給他人，由別人做決定，而且對自己的這種行為毫無自覺的話，等於是害怕自己的人生。自己的人生必須靠自己的果敢與不斷地抉擇，才能夠創造。

——山下英子

097

陽光永遠直射。
白天與黑夜事實上不存在。

我們把「日升日落」說得理所當然，事實上，太陽不會升起也不會落下，因爲處於被動一方的地球會自轉，因而有了白天與黑夜。太陽總是在那兒每天持續把陽光照在我們身上，陰天、晴天也是如此。我這麼說彷彿太陽有錯，但太陽被烏雲覆蓋或是天黑，都不是它的本意。問題永遠出在接受好處的那一方。

——自凝心平

儘管經常被人目不斜視地注視，有時也沒注意到；儘管平常總是表裡如一地守護著，有時卻連看也不看一眼。是的，沒注意到的人是我，連看也不看一眼的人是你。或許我與你彼此都想要坦然地注入能量，或是誠實地溫柔環抱。偶而這樣想像也不失有趣。

——山下英子

098

日常生活正是典範轉移*。

你或許以為瓦解自己體內功能不全的價值觀、常識與規範，必須有什麼特殊經驗，否則不會發生。但是，如果擁有豐富的迴路，能夠注意到微小的改變，也就是如果你處於能夠自在促使觀點改變的位置的話，就有機會更新價值觀、觀念。「典範」轉移在你的日常生活中也會發生。

——山下英子

典範，被認為是昨天之前固有的價值觀、想法、框架。更換框架，更換看待新事物的方式，原本平凡無奇的日常生活，也會因為心理學上所說的「重構（reframing）」，而有許多不一樣的看待方式。重要的不是發生的事情本身，而是定義發生之事的看法、切入角度，這才稱得上是典範轉移。

——自凝心平

注解：「典範轉移」（Paradigm shift），是指一群人打破傳統，將一個粗略的
　　　概念落實之後，產生一個新的典範。

099

日常生活就是冒險。

每天即使同一時間走在同一條路上，風的輕語、空氣的冰冷也應該不同；你的步行速度、映入眼簾的景物也應該不同。每天即使做著固定的工作，遇見的人、發生的事也應該不同；你的呼吸深度、心情也應該不同。能夠看著這些小小的不同，找出細微變化，你將發現你的日常生活隨時充滿冒險。

——山下英子

把每天當作是冒險的訣竅，就在於意識到五感。視覺、聽覺、嗅覺、味覺、觸覺，這些感覺連結在一起，若聚焦在其中一個感覺上的話，其他感覺就會變弱、變得遲鈍。感覺就類似擴大機，如果能夠自在同調的話，世界將會充滿多采多姿的冒險。看見什麼、聽見什麼、聞到什麼、嚐到什麼、感覺到什麼？冒險的關鍵，就看你如何訓練自己的五感調節器。

——自凝心平

100

量子跳躍*。
人生的躍進不是突如其來的。

「量子跳躍」是物理學上的名詞，意思是在極小的量子世界裡，變化是從內部深處發生，越過臨界點那一瞬間，將會使得外觀發生戲劇性變化。人生中的量子跳躍，是心靈不斷成長到最後。某天，你突然能夠在往來的人際關係與工作內容中，享受到層次大不相同的變化。從表面看來，這種改變很突然，事實上，不過是內在成長累積的成果。

——自凝心平

看到有人讚揚了突然造訪人生的豐富變化時，我們或許會羨慕對方的好運。然而，當事人或許會對這種突如其來的改變感到不解。人生舞台急速轉變，往往是因為平日重複著的不起眼單調作業，所累積下來的能量瞬間爆發所致。是的，人生的展翅，是你平日努力不懈與精進的結果。

——山下英子

注解：「量子跳躍」（quantum leap 或 quantum jump），物理上的量子跳躍是
　　　指原子裡的一顆電子，從某個量子狀態不連續變化成其他狀態的現象。

101

只要一句話。

在乾涸場所製造水流時，開始的第一滴最辛苦，但在那之後就會開發出水道。只要有小水流，就能夠逐漸創造出大水流，不過，一切都是從一滴水開始的。找到開啟你行動之路的那一滴水吧。找到有能力在你乾枯心裡，創造大水流的那句話吧。

——自凝心平

即便一小滴也不容許輕視，只要一滴深藍色墨水，就能夠讓透明的水染成清爽的水藍色；即便一小滴也不容許藐視，只要一滴深紅色墨水，也能夠讓透明的水染成鮮艷的紅色。特別是如果那一小滴水是一句話的話，更是如此。小小一句話、簡短一句話，會將你染成某個顏色，至於選擇什麼顏色就看個人了。好好享受美好的一句話吧。

——山下英子

102

萬物皆在變化之中。

環繞我們的唯一，絕對是「變化」。不管我們是誰，都無法生存在這個變化框架以外的地方。你不是昨天的你，我也不是昨天的我，而明天的你和我也同樣不是今天的你和我。正因為如此，我希望各位果敢面對這種變化，不去忤逆也不要放棄，更不是冷漠視之。無須努力，只要果敢就好。

——山下英子

有個詞叫「動態平衡」，意思是生物只要活著，高分子與低分子就會不停地改變。生命是代謝連續變化的結果，這個變化可說是生命的真實面貌。與腳踏車一樣，與洄游魚一樣，與地球自轉一樣，與太陽系行星公轉一樣。一邊動，一邊保持平衡，停下來就無法維持平衡，這就是生命的本質。

——自凝心平

演進

輯十

103

演進，總是存在著
一絲絲的勇氣。

我們的身體從受精卵開始。胚胎學認爲個體的發育是不斷製造系統，也就是說，在變成胎兒誕生之前，人類高速體驗過魚類、兩棲類、爬蟲類、哺乳類的演化過程。人類的肚子裡藏著偉大的冒險。我認爲演進是勇氣的集結，倘若缺乏勇氣，我們的身體仍是受精卵，只會反覆進行同樣的分裂，只能變成大顆的變形蟲。勇氣與冒險正是演化的關鍵。

——自凝心平

飛進未知的世界，追求體驗未知，過程中一定存在著勇氣。然後，想想那股勇氣的來源到底是什麼，你會浮現出這樣一個答案——好奇心，就是「我想知道、我想看到、我想嚐嚐看」這類的欲望本能。勇氣就是好奇心，好奇心就是生命的聲音，因此，愈是充滿好奇心，好奇心愈多，你愈有前進的勇氣。

——山下英子

104

對於美麗的敏銳度。

不受限於損益，不回應壞運與好運，將自己委身在超越好壞、正誤意識的世界裡。想要成為這樣的你我，必須經常訓練自己對於美的敏銳度，也就是養成使用美麗的詞彙、流露美麗的笑容、展現美麗的背影。更重要的是你的四周。是的，努力打造美麗的空間吧。

——山下英子

傳承個人原則等重要思想時，沒有判斷正確與否、幸福與否，得或失的餘地。人類擁有能夠跨世代傳承的美學意識，這已經是超越個人健康的生活方式。不只是自己這一代，也是能夠持續傳承好幾代的生活方式。

——自凝心平

105

未完的完成。

據說曾經跟隨德川家康（1543～1616年）、德川秀忠（1579～1632年）、德川家光（1604～1651年）這三代將軍，奠定江戶幕府基礎的天海僧正（1536～1643年），為了延續幕府政權，留給各代將軍必須完成的課題。當時他想到的是「未完的完成」。已經完成的成品很脆弱；尚未完成、正待完成的東西才夠強韌。他留下的不是動搖國本的大問題，而是時候到了就必須解決的小問題。集結眾人力量解決問題的過程裡，藏著江戶幕府能夠延續十五代的祕密。

——自凝心平

完成即代表結束。完成可以是目標，也可以是終點。假如你希望繼續發展，也期望有更進一步的演化或更深入，別只把焦點擺在完成的事物上。完成的同時，往往會想找新的主題，而我們的人生目的，就存在於伴隨未完成邁步前進的過程中。

——山下英子

106

削掉才能夠彰顯。

爲了彰顯，必須削掉不可。如果任何東西都想擁有，累積了許多，你的存在只會被埋沒，你的存在只會失去輪廓。現在的你必須抉擇，你知道有些東西得丟掉。有了這種覺悟，你才能夠彰顯自己的存在。

——山下英子

平安時代的佛師（雕刻佛像的藝術家）說：「我只是比別人先一步從木材裡看出佛的姿態，並照著我的想像雕刻、完成佛像。」削去削出，讓木頭裡的佛像浮現，不是製造佛像，而是佛像早已在裡面，只是讓祂浮現。這就是抉擇的美。在生活中彰顯自己的方法，就是有勇氣削除生活雜物。

——自凝心平

107

放手更美麗。

爲了保持美麗，必須放手。如果所有物品都擁有，如果這個也保留那個也累積，你的存在將會變得醜惡，你的存在將會變成黯然的光。現在的你必須取捨，必須知道有東西得丟掉。有了這個勇氣，你的存在將會美麗燦爛。

——山下英子

日本古代的神道教除厄除穢，清除不潔。放手，選擇孑然一身，達成靈魂通透。即使不特意去擁有，也有八百萬的神明隨時在那裡。放手才能夠得到精神滿足，從物質解放才能夠獲得心靈平靜。美麗的意義，或許就沉睡在日本人的DNA裡。

——自凝心平

108

人生就是自由自在。

你應該也曾經有夢。
你或許也曾經追夢。
然後，你可能有過不得不放棄夢想的時刻。

你應該曾經懷抱希望。
你或許也曾經充滿希望。
然後，你可能有過不得不捨棄希望的時刻。

但是，即使放棄夢想，
即使放棄希望，
你的人生今後仍會持續下去。

既然如此，別放棄人生，
別捨棄人生，繼續往前走。

因為這就是你找出自我存在、
「自由自在」的生活方式。

山下英子
自凝心平

答案就在你身邊

當出版社提出聯合撰寫的構想與企劃後，我足足過了五年才動筆。開始撰寫兩年之後，中途我又把完成的原稿全部重寫，大約再花了一年多的時間。這本書總算開花結果、具體成形、呱呱墜地。

在實際接觸之前，我不知道寫出日常生活、編寫短文是這麼困難的工作。一定是因為我們對於「日常生活」太缺乏意識，過得「毫無自覺」。

前面提到我花了五年時間構思，這件事要追溯到我與「斷捨離」提倡者山下英子女士初次見面之時。山下女士在其著作《歡迎加入斷捨離：打造我的容身處》（寶島社）中，引用了我電子報上的文章，也因為這個機緣，五年前山下英子女士為了取得刊登許可，透過責任編輯大西祥一先生聯絡上我。

不論是許可或其他方面，對我來說都是莫大的榮幸，我因山下英子女士聯絡我的謹慎態度而感動。因此，儘管有些失禮，我提出希望與她見上一面的請求。

見面當天，山下英子女士、大西祥一先生、我，以及我當時正在撰寫《生病是才能》這本書的責任編輯也一同出席。我們四人享受了愉快的餐會，一下子就意氣相投地聊到深夜，我現在依然記得很清楚。

這五年間，我從山下英子女士那兒學到許多人生本質。這次能夠一起撰寫這本書，本人甚感榮幸。不過，我也有自信必須把我學到的、感受到的事物傳授給各位讀者。

日常生活需要斷捨離。

人生舞台永遠是日常生活。

但是，日常生活相當多變；若無其事地過日子的話，人生一眨眼就過去了，如同流逝的河川、漂泊的白雲般難以捉摸。

正因爲如此，改善生活習慣很困難。但也因爲如此，日常生活必須做到自主思考。有自信能夠自主思考也很重要。

本書的風格，是以一句話搭配兩則短文的形式，這種編排方式有助於拓展「對於日常生活的自主思考」。

答案永遠在你身邊。
是的，相信它。

請放心，不管發生任何狀況，
當你能夠面對問題時，
答案一定已經準備好了。

　　　　　　　　　　　　自凝心平

最重要的日常

作　　者｜山下英子 Hideko Yamashita
　　　　　自凝心平 Shinpei Onokoro
譯　　者｜黃薇嬪 Weipyn Huang

責任編輯｜許世璇 Kylie Hsu
責任行銷｜朱韻淑 Vina Ju
裝幀設計｜許晉維 Jin We Hsu
版面構成｜譚思敏 Emma Tan
校　　對｜葉怡慧 Carol Yeh

發 行 人｜林隆奮 Frank Lin
社　　長｜蘇國林 Green Su

總 編 輯｜葉怡慧 Carol Yeh
日文主編｜許世璇 Kylie Hsu
行銷主任｜朱韻淑 VinaJu
業務處長｜吳宗庭 Tim Wu
業務主任｜蘇倍生 Benson Su
業務專員｜鍾依娟 Irina Chung
業務秘書｜陳曉琪 Angel Chen、莊皓雯 Gia Chuang
發行公司｜悅知文化　精誠資訊股份有限公司　105台北市松山區復興北路99號12樓

訂購專線｜(02) 2719-8811　　　　　　　訂購傳真｜(02) 2719-7980
專屬網址｜http://www.delightpress.com.tw　悅知客服｜cs@delightpress.com.tw
ISBN：978-626-7288-22-1
建議售價｜新台幣340元　　　二版一刷｜2023年10月

國家圖書館出版品預行編目資料

最重要的日常：讓人生活得更自在／山下英
子，自凝心平．黃薇嬪 譯．--
二版. -- 臺北市：悅知文化精誠資訊股份有
限公司, 2023.10
　面；　公分
ISBN 978-626-7288-22-1(平裝)
1.CST: 修身 2.CST: 生活指導

192.1　　　　　　　　　　　　　11200439

建議分類｜心理勵志・自我成長